KUCHEN & COOKIES

MIT LIEBE VERPACKT

PRODUKTION: KATRIN HEINATZ | FOTOS: ANKE SCHÜTZ

QUALITÄTS G|U GARANTIE

DIE GU-QUALITÄTS-GARANTIE

Wir möchten Ihnen mit den Informationen und Anregungen in diesem Buch das Leben erleichtern und Sie inspirieren, Neues auszuprobieren. Bei jedem unserer Bücher achten wir auf Aktualität und stellen höchste Ansprüche an Inhalt, Optik und Ausstattung. Alle Rezepte und Informationen werden von unseren Autoren gewissenhaft erstellt und von unseren Redakteuren sorgfältig ausgewählt und mehrfach geprüft. Deshalb bieten wir Ihnen eine 100 %ige Qualitätsgarantie.

Darauf können Sie sich verlassen:
Wir legen Wert darauf, dass unsere Ratgeber zuverlässig und inspirierend zugleich sind.
Wir garantieren, dass
- sämtliche Rezepte dreifach getestet,
- alle Anleitungen und Tipps in der Praxis geprüft und
- durch klar verständliche Texte und Stepfotos einfach umsetzbar sind.

Wir möchten für Sie immer besser werden:
Sollten wir mit diesem Buch Ihre Erwartungen nicht erfüllen, lassen Sie es uns bitte wissen! Nehmen Sie einfach Kontakt zu unserem Leserservice auf. Sie erhalten von uns kostenlos einen Ratgeber zum gleichen oder ähnlichen Thema. Die Kontaktdaten unseres Leserservice finden Sie am Ende dieses Buches.

GRÄFE UND UNZER VERLAG
Der erste Ratgeberverlag – seit 1722.

KV

INHALT

TIPPS & EXTRAS

REZEPTE & IDEEN

OHNE PAPIER GEHT GAR NICHTS …

… deshalb lohnt es sich, immer einen kleinen Vorrat im Haus zu haben. Für unsere Verpackungsideen werden farbige Seidenpapiere, verschieden gemusterte Geschenkpapiere, schwarzer und weißer Fotokarton oder auch Transparentpapier verwendet.

WAS SIE BRAUCHEN

Ihr Kuchen ist frisch gebacken, dann kann's jetzt ans liebevolle Verpacken gehen. Bevor Sie starten, legen Sie sich am besten alle benötigten Utensilien zurecht. Die sind in den Bastelanleitungen im Kasten »Was Sie brauchen« jeweils genau aufgelistet. Sie brauchen Hilfe, wo Sie was bekommen können? Dann schauen Sie bei den Bezugsquellen auf S. 61 nach.

AM LAUFENDEN BAND

Eine schön gebundene Schleife ist die einfachste Art, ein Mitbringsel zu verzieren, schon deshalb sollte man Geschenkbänder oder -schnüre in verschiedenen Farben und Mustern immer in der Schublade haben.

SCHARFE KANTEN

Eine gut schneidende Haushaltsschere ist fürs Basteln unerlässlich. Nützlich sind darüber hinaus Spezialwerkzeuge wie Cuttermesser, Schneidematte, Falzbein oder Wellenschere.

EINFACH BEEINDRUC

Nichts ist leichter, als Eti
Schöne Figuren-, Motiv-
man z.B. unter perlenfis
senden Stempelkissen (
witzige Stempelmotive
Vorlagen gibt's zum Do

FEIN GELOCHT

Mit einem Handlocher bzw. einer Lochzange (3 mm Lochstärke) lassen sich schnell an den markierten Stellen die richtigen Löcher setzen. Und mit dem Kreisstanzer sind fix kleine Kreise für eine Girlande ausgestanzt.

HERRLICH NOSTALGISCH

Hübsche Deko-Motive wie Messer und Kuchengabeln können Sie ebenso wie die genauen Vorlagen für unsere Kuchenschachteln unter folgendem Link herunterladen: **www.gu.de/selbermachen/downloads.** Die groben Skizzenpläne bei den Anleitungen dienen nur der ersten Orientierung.

BUNTER KLEBESPASS

Mit unterschiedlich breiten und bunt gemusterten Maskingtapes lassen sich viele Verpackungen ganz einfach und vor allem dekorativ zusammenkleben.

ıit Stempeln zu bedrucken.
der Emblemstempel findet
ıgn.de, ebenso die dazu pas-
ch S. 61). Außerdem wurden
ır dieses Buch kreiert – die
ı (siehe oben).

BAKE!

SCHOKOTARTE

Klassische Schönheit: Ein Schokokuchen kommt nie aus der Mode und passt einfach immer. Vorsicht, Suchtgefahr!

DAS BRAUCHT MAN:

100 g Zartbitterschokolade
100 g Butter
100 g Zucker
1 Msp. gemahlene Vanille
100 g gemahlene Mandeln
2 Eier (M)
1 EL Mehl
1 TL Backpulver
Salz
neutrales Pflanzenöl und
Mehl für die Form
Puderzucker zum Bestäuben
(nach Belieben)

Für 1 Springform
(20 cm Ø, 8 Stücke)
15 Min. Zubereitung
30 Min. Backen

| 1 | Den Backofen auf 160° vorheizen. Die Form mit Öl einfetten und mit Mehl ausstäuben.

| 2 | Die Schokolade in Stücke brechen und mit der Butter in einer Metallschüssel über dem heißen Wasserbad schmelzen. Zucker, Vanille, Mandeln und Eier nacheinander unterrühren. Mehl, Backpulver und 1 Prise Salz mischen und ebenfalls unterrühren.

| 3 | Den Teig in die Form füllen, glatt streichen und im Ofen (Mitte) 25–30 Min. backen. Die Tarte herausnehmen, abkühlen lassen und nach Belieben mit Puderzucker bestäuben.

TIPP!

Servieren Sie die Tarte mit Schlagsahne, Vanilleeis oder Zwetschgensalat: Dafür 500 g Zwetschgen waschen, vierteln und entsteinen. In einer Schüssel 50 ml Portwein, 70 ml Holundersaft und 100 g Zucker mischen und die Zwetschgen darin mind. 30 Min. marinieren. Den Salat mit dem Saft von ½ Zitrone und 1 Msp. Zimtpulver abschmecken.

STYLE!

SWEET FASCINATOR

Ascot war gestern! Das Rennen machen heute extravagant behütete Cakes, die garantiert für Aufsehen sorgen.

DAS BRAUCHT MAN:
Zirkel | 1 Bogen schwarzen Fotokarton DIN A 2 | Schere | Wellenschere | Lineal | schwarzes Maskingtape | doppelseitiges Klebeband | Handlocher (3 mm) | 1,40 m Wickeldraht | 50 cm gestreiftes Geschenkband (12 mm)

| 1 | Ziehen Sie mit dem Zirkel auf dem Karton je einen Kreis von 25 und von 28 cm Ø. Schneiden Sie beide Kreise aus, den kleineren mit der Wellenschere.

| 2 | Für die Tortenform ziehen Sie nun im 28-cm-Kreis einen kleineren Kreis von 20 cm Ø. Schneiden Sie den Rand rundum alle 1,5 cm bis zu diesem Kreis ein. Biegen Sie die Einschnitte nach innen, sodass sie sich überlappen und einen senkrechten Rand bilden, den Sie außen rundum mit Maskingtape festkleben.

| 3 | Fixieren Sie den Wellenkreis mit Klebeband mittig unter der Tortenform. Schneiden Sie nun 2 Kartonstreifen à 5,5 × 33 cm und kleben Sie sie rund um die Tortenform.

| 4 | Setzen Sie die Tarte hinein (wir haben unsere Schokotarte zusätzlich noch mit 250 g Schwarzen Johannisbeeren geschmückt). Lochen Sie den Tortenrand 3 cm von oben an 4 Stellen in gleichmäßigem Abstand.

| 5 | Ziehen Sie 4 Drahtstücke à 35 cm Länge durch die Löcher. Verwirbeln Sie jeweils das eine Ende, damit der Draht hält, zu Rosetten, das andere verflechten Sie kunstvoll über der Tarte. Umwickeln Sie die Tortenform mit Geschenkband und bringen Sie zuletzt mit Klebeband eine dekorative Schleife an (siehe Bild unten).

STYLE!

55
7
5
50
10
45
15
40
PATENTED
20
35
30
25
HAPPY BIRTHDAY HAPPY BIRTHDAY HAPPY BIRTHDAY HAPPY BIRTHDAY

CAKE WATCH

Happy Hour für Naschkatzen: Endlich hat die Stunde für einen gemütlichen Kaffeeklatsch geschlagen.

| 1 | Laden Sie die Vorlagen für Uhr- und Messermotiv herunter (siehe S. 5) und schneiden Sie die Motive aus.

| 2 | Ziehen Sie auf dem weißen Karton mit dem Zirkel einen Kreis von 21 cm Ø. Kleben Sie das Uhrenmotiv darauf und befestigen Sie das Messer mit dem rosafarbenen Maskingtape als Zeiger.

| 3 | Ziehen Sie auf der Tortenunterlage mit dem Zirkel einen Kreis von 20 cm Ø. Schneiden Sie den Rand alle 1,5 cm bis zu diesem Kreis ein und biegen Sie die Einschnitte überlappend zu einem senkrechten Rand (siehe Bild rechts). Fixieren Sie den Rand anschließend mit schwarzem Maskingtape.

| 4 | Setzen Sie die Tarte in die Tortenform und legen Sie die Uhr als Deckel darauf.

DAS BRAUCHT MAN:
2 Bogen weißes Papier DIN A4 (für den Ausdruck) | Schere | 1 Bogen weißen Fotokarton DIN A4 | Zirkel | Klebestift | rosafarbenes und schwarzes Maskingtape | 1 weiße Tortenunterlage (28 cm Ø) mit gewelltem Rand | Lineal

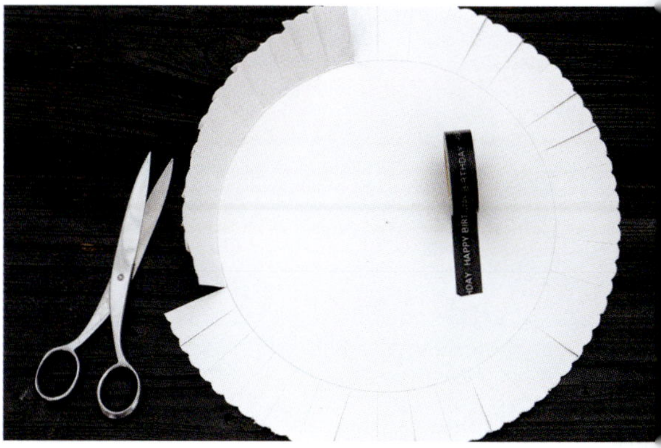

MAKE PIECE!

Hier gibt es garantiert keine Schlacht am Kuchenbüfett, denn jeder bekommt sein ganz persönliches Stück.

DAS BRAUCHT MAN:

2 Bogen weißes Papier DIN A4 (für den Ausdruck) | Schere | 1 Bogen weißen Fotokarton DIN A4 | 2 Bogen schwarzen Fotokarton DIN A4 | Stecknadel | Bleistift | Lineal | Schneidematte | Cuttermesser | Falzbein | Klebestift | hellblaues Maskingtape | 3 Perlmutt-Kuchengabeln

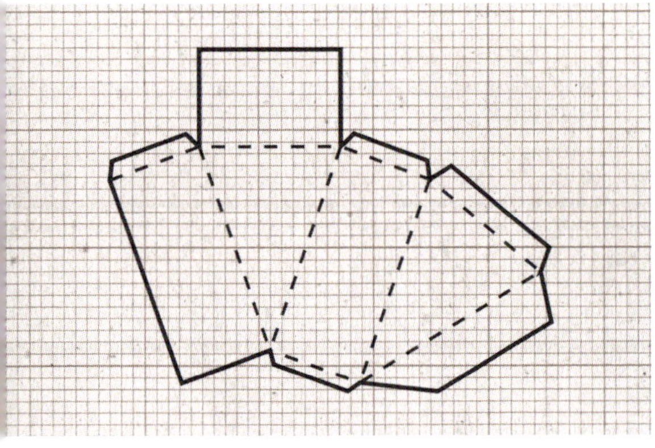

| 1 | Laden Sie die Mustervorlage für die Schachtel herunter (siehe S. 5) und schneiden Sie den Ausdruck aus. Legen Sie die Vorlage 1-mal auf den weißen und 2-mal auf den schwarzen Karton, sodass Sie 3 Schachteln für 3 Tartestücke erhalten. Übertragen Sie alle Schnitt- und Falzlinien mit Stecknadel, Bleistift und Lineal.

| 2 | Schneiden Sie die Formen auf der Schneidematte mit dem Cuttermesser aus. Falzen Sie die Kartons mit Falzbein oder Lineal entlang der markierten Linien und kleben Sie die Schachteln an den markierten Klebeflächen zusammen.

| 3 | Setzen Sie in jede Schachtel ein Tartestück und verzieren Sie die Schachteln am Rückenteil mit Maskingtape.

| 4 | Befestigen Sie die Kuchengabeln mit Maskingtape auf den Schachteln und bekleben Sie die Schachteln nach Belieben mit je einem »Cake-Time«-Schildchen. Die Vorlagen hierfür können Sie herunterladen (siehe S. 5), ausdrucken und mit dem Kreisstanzer ausschneiden.

COVER STAR
STYLE!
CAKE TIME
CAKE TIME
CAKE TIME
CAKE TIME

BAKE!

NUSSKUCHEN

Unser Lieblingskastenkuchen ist ein Schatz aus Omas Backstube. Das Allerbeste: Er hat eine Schokoglasur.

DAS BRAUCHT MAN:

225 g weiche Butter
225 g Zucker
1 Päckchen Bourbon-Vanillezucker
Salz
6 Eier (M)
150 g Mehl
2 TL Backpulver
250 g gemahlene Haselnüsse
50 g gehackte Haselnüsse
150 g Vollmilch- oder Zartbitterkuvertüre
2 TL neutrales Pflanzenöl
Butter und Semmelbrösel für die Form

Für 1 Kastenform
(30 cm, ca. 20 Stücke)
35 Min. Zubereitung
1 Std. Backen

| 1 | Den Backofen auf 180° vorheizen. Die Kastenform gründlich einfetten und mit Semmelbröseln ausstreuen. Butter, Zucker, Vanillezucker und 1 Prise Salz mit den Quirlen des Handrührgeräts schaumig schlagen. Ein Ei nach dem anderen unterrühren. Mehl, Backpulver, gemahlene und gehackte Haselnüsse mischen und ebenfalls unterrühren.

| 2 | Den Teig in die Form füllen und glatt streichen. Den Kuchen im Ofen (unten) ca. 1 Std. backen (Stäbchenprobe machen!). Herausnehmen und 10 Min. abkühlen lassen, dann aus der Form lösen und auf einem Kuchengitter vollständig auskühlen lassen.

| 3 | Für die Glasur die Kuvertüre hacken und mit dem Öl in einer Metallschüssel über dem heißen Wasserbad schmelzen. Die Glasur gleichmäßig auf dem Kuchen verteilen und fest werden lassen.

TIPP!

Wenn Glasur übrig ist, können Sie den Kuchen mit einer Schokogirlande verzieren: Den glasierten Kuchen einfach kurz antrocknen lassen, die übrige geschmolzene Schokolade mit einem Löffel als Linie daraufsetzen und mit Zuckerstreuseln bestreuen.

STYLE!

1

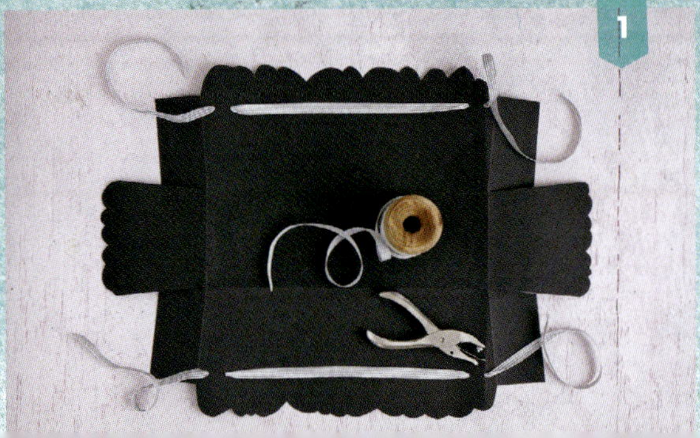

2

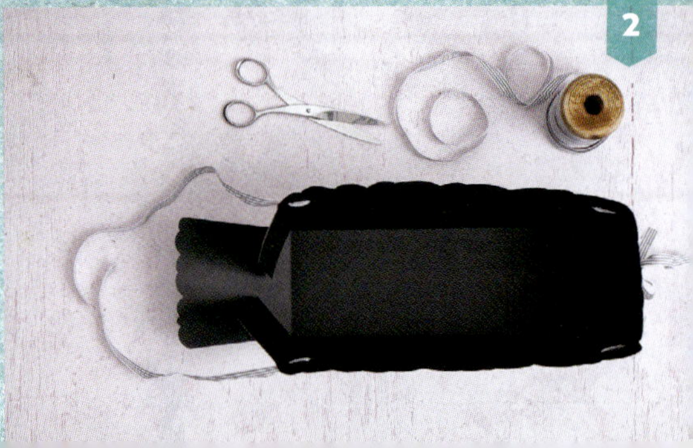

BLACK BEAUTY

Nichts kaschiert Hüftgold besser als das kleine Schwarze. Darin macht auch jeder Kastenkuchen eine gute Figur.

| 1 | Die Mustervorlage für den Kuchenkasten können Sie herunterladen (siehe S. 5), ausdrucken, zusammenkleben und ausschneiden. Legen Sie die Vorlage auf den Karton und übertragen Sie mit Stecknadel, Bleistift und Lineal alle Schnitt- und Falzlinien.

| 2 | Schneiden Sie die Form auf der Schneidematte entlang der bezeichneten Linien mit dem Cuttermesser aus dem Karton aus. Mit Lineal oder Falzbein falten Sie die markierten Teile nach innen.

| 3 | Lochen Sie den Karton an den bezeichneten Punkten. Halbieren Sie das Geschenkband und fädeln Sie jede Hälfte durch eine Seite des Kartons (Step 1). Ziehen Sie das Geschenkband zusammen und binden Sie es an jeder kurzen Seite zu einer Schleife (Step 2).

| 4 | Legen Sie den Karton mit Seidenpapier und den Boden zusätzlich mit Frischhaltefolie (oder Butterbrotpapier) aus. Jetzt können Sie den Kastenkuchen hineinsetzen.

DAS BRAUCHT MAN:
4 Bogen weißes Papier DIN A4 (für den Ausdruck) | Klebestift | Schere | 1 Bogen schwarzen Fotokarton DIN A2 | Stecknadel | Bleistift | Lineal | Schneidematte | Cuttermesser | Falzbein | Handlocher (3 mm) | 1,50 m gestreiftes Geschenkband (10 mm) | 1 Bogen Seidenpapier | Frischhaltefolie

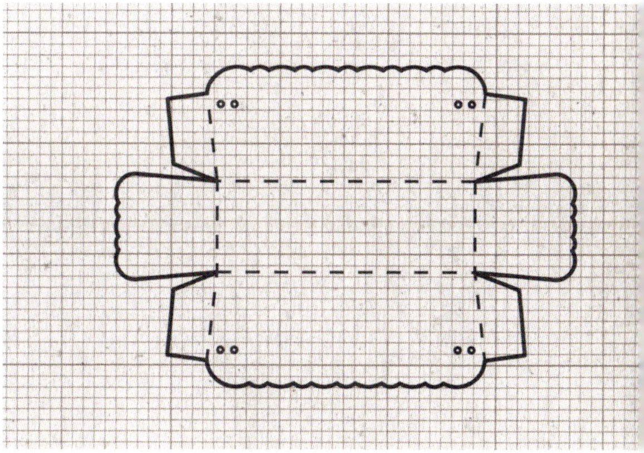

TWO IN ONE

Sie möchten das Rezept für den Nusskuchen mit Ihrer besten Freundin teilen? Dann liefern Sie die Kostprobe am besten gleich mit!

DAS BRAUCHT MAN:

2 Bogen halb transparentes Papier DIN A4 | schwarzen Filzstift | rosafarbenes und schwarz gemustertes Maskingtape | Messer | 1 Bogen weißes Papier DIN A4 (für den Ausdruck) | Schere | Frischhaltefolie | 1–2 Bogen Seidenpapier

| 1 | Schreiben Sie das Nusskuchenrezept von S. 15 mit dem Filzstift auf die halb transparenten Papierbogen. Kleben Sie die Bogen mit dem schwarzen Maskingtape aneinander (siehe Bild unten).

| 2 | Suchen Sie sich ein schönes Messer aus, legen Sie es auf den Kopierer und schneiden Sie die Kopie aus. Oder verwenden Sie unsere Vorlage (siehe S. 5).

| 3 | Schlagen Sie den Nusskuchen zuerst in Frischhaltefolie und dann wie ein Geschenk in Seidenpapier ein. Befestigen Sie dieses an den Seiten mit rosa Maskingtape.

| 4 | Legen Sie das Rezept wie eine Banderole um den verpackten Kuchen und befestigen Sie diese mit Maskingtape. Das kopierte Messer wird obenauf geklebt – sozusagen als Aufforderung, den Kuchen gleich anzuschneiden.

Nusskuchen
für den Rührteig:
225g weiche Butter
225g Zucker

STYLE!

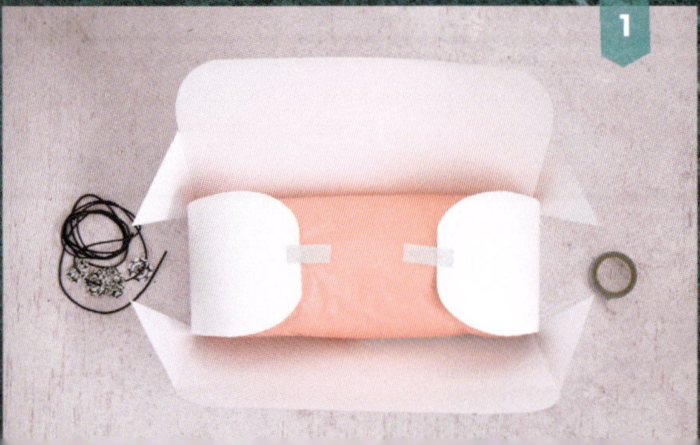
1

2

SCHNEEWITTCHEN

Weiß wie Schnee, schwarz wie Ebenholz: Mit dieser edlen Kuchenbox wird die Kaffeestunde zum märchenhaften Vergnügen.

| 1 | Die Mustervorlage für die Kuchenbox können Sie herunterladen (siehe S. 5), ausdrucken, zusammenkleben und ausschneiden. Legen Sie die Vorlage auf den Karton und übertragen Sie mit Stecknadel, Bleistift und Lineal alle Schnitt- und Falzlinien.

| 2 | Schneiden Sie die Form auf der Schneidematte mit dem Cuttermesser aus dem Karton aus. Mit Lineal oder Falzbein falzen Sie die Kartonteile entlang der markierten Linien nach innen.

| 3 | Stanzen Sie aus dem Blumenpapier mit dem Kreisstanzer 20 Kreise aus. Lochen Sie sie 2 mm vom Rand entfernt und fädeln Sie sie auf die Geschenkschnur auf.

| 4 | Setzen Sie den in Frischhaltefolie und Seidenpapier eingeschlagenen Kastenkuchen in die Box. Kleben Sie die Stirnklappen mit dem grauen Maskingtape auf den Kuchen (Step 1). Falten Sie die dreieckigen Seitenteile nach innen und kleben Sie sie an den Spitzen zusammen. Klappen Sie die Längsseiten über den Kuchen und verschließen Sie die Box mit dem schwarzen Maskingtape (Step 2). Binden Sie die Schnur der Länge nach um den Kuchen und drapieren Sie die Blumenkreise wie eine Girlande.

DAS BRAUCHT MAN:

8 Bogen weißes Papier DIN A4 (für den Ausdruck) | Klebestift | Schere | 1 Bogen weißen Fotokarton DIN A1 | Stecknadel | Bleistift | Lineal | Schneidematte | Cuttermesser | Falzbein | 1 Bogen Blumenmusterpapier DIN A4 | Kreisstanzer (22 mm Ø) | Handlocher (3 mm) | 1,40 m schwarze Geschenkschnur (2 mm) | Frischhaltefolie | ½ Bogen rosafarbenes Seidenpapier | graues und schwarzes Maskingtape

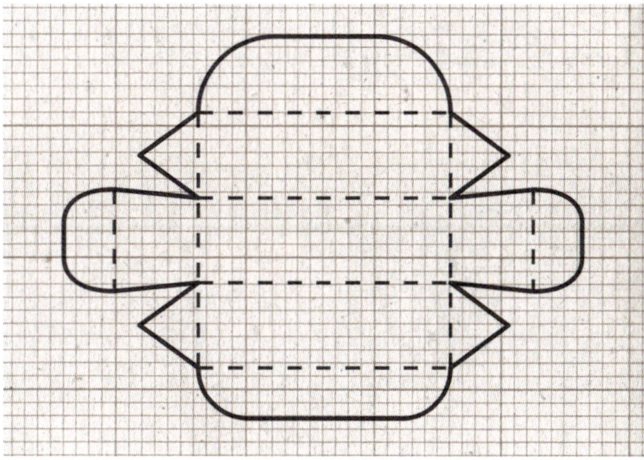

BAKE!

HIMBEER-MUFFINS

All you need is sweet: Von diesen fruchtigen Minis kann keiner die Finger lassen – ob mit oder ohne Topping.

DAS BRAUCHT MAN:

100 g Butter
3 Eier (M)
75 g Zucker
80 g geschälte, gemahlene Mandeln
80 g Mehl
1 geh. TL Backpulver
Salz
250 g TK-Himbeeren
12 Papierförmchen

Für 1 12er-Muffinblech
20 Min. Zubereitung
25 Min. Backen

| 1 | Den Backofen auf 180° vorheizen. Die Papierförmchen in die Mulden des Muffinblechs setzen.

| 2 | Die Butter schmelzen und abkühlen lassen. Die Eier samt Zucker mit den Quirlen des Handrührgeräts schaumig schlagen. Mandeln mit Mehl, Backpulver und 1 Prise Salz in einer Schüssel mischen.

| 3 | Die Mehlmischung und die Butter unter die Eiermasse rühren. Den Teig gleichmäßig in die Mulden füllen und mit den Himbeeren belegen.

| 4 | Die Muffins im Ofen (Mitte) ca. 25 Min. backen. Herausnehmen, kurz abkühlen lassen, aus den Mulden lösen und vollständig auskühlen lassen.

TIPP!

Zu kleinen Happy-Cakes werden die Muffins mit einem cremigen Rosen-Topping: Dafür 125 g TK-Himbeeren mit 4 EL Puderzucker unter Rühren aufkochen und ca. 3 Min. köcheln lassen. Vom Herd nehmen und abkühlen lassen. Dann 250 g Mascarpone, 2 EL Joghurt und 4–5 TL Rosenblütenwasser (aus der Apotheke) dazugeben und alles pürieren. Die Creme 30 Min. kühl stellen, in einen Spritzbeutel mit Sterntülle füllen und auf die Muffins spritzen.

HÜFTGOLDBECHER

Der Gold-Transporter ist da! Vor Langfingern geschützt, bringen wir das süße Hüftgold gut getarnt an die Frau.

DAS BRAUCHT MAN:

3 weiße Papier-Eisbecher (10 cm Ø) | 1 Stempel (z. B. mit Aufschrift »Echtes Hüftgold«, siehe S. 64) | Stempelkissen | schwarzen Filzstift | Schere | 1 Bogen gemustertes Geschenkpapier DIN A4 | Geschenkband

| 1 | Stempeln Sie jeden Becher mit dem Motiv »Echtes Hüftgold« (den Stempel können Sie nach unserer Vorlage anfertigen lassen, siehe S. 64). Drücken Sie dabei am besten mit den Fingern von hinten gegen die zu bestempelnde Fläche. Oder Sie schreiben das Motiv mit schwarzem Filzstift auf die Eisbecher.

| 2 | Schneiden Sie aus dem Geschenkpapier 6 Quadrate à 10 × 10 cm. Kleben Sie jeweils 2 Quadrate mit der linken Seite aufeinander, sodass Sie 3 beidseitig gemusterte Quadrate erhalten.

| 3 | Geben sie einen Muffin in jeden Becher. Setzen Sie jeweils ein Papierquadrat als Deckel darauf und befestigen Sie ihn mit einem Geschenkband. Das funktioniert am besten, indem Sie das Band an zwei Seiten von oben nach unten ziehen, überkreuzen, dann wieder von unten nach oben ziehen und zuletzt verknoten und nach Belieben zu einer Schleife binden.

STYLE!

STYLE!

PRIMA BALLERINA

Applaus, Applaus: Für ihren großen Auftritt werden unsere Muffins im Nu mit Spitzenröckchen und Schleife fein gemacht.

| 1 | In dem kleinen Glas nimmt 1 Muffin Platz, in das große Glas passen 2 Muffins. Schließen Sie jedes Glas mit dem Deckel und stülpen Sie 1 Papierförmchen darüber. Für das kleine Glas muss das Förmchen etwas gekürzt werden (siehe Bild unten).

| 2 | Streichen Sie die Förmchen am Deckel glatt und knoten Sie das Geschenkband darum. Das gelingt leichter, wenn Sie die Förmchen zuvor mit einem Gummiband sichern.

| 3 | Stempeln Sie 2 Kreisornamente auf weißes Papier. Schneiden oder stanzen Sie die Kreise aus und befestigen Sie sie mit Klebeband jeweils auf den Knoten des Geschenkbands.

DAS BRAUCHT MAN:

1 Glas mit Schraubverschluss (ca. 7 cm Ø, 7,5 cm hoch) | 1 Glas mit Schraubverschluss (ca. 7 cm Ø, 12 cm hoch) | 2 weiße Maxi-Muffinpapierförmchen (7 cm Ø) | Schere | rosafarbenes Geschenkband | rundes Stempelornament (siehe S. 61) | Stempelkissen | 1 Stück weißes Papier | doppelseitiges Klebeband

CUP-A-CINO

Kaffeeklatsch mit Wow-Effekt: Kleine Cakes in coolen Cups sind das Sahnehäubchen für den Kaffeetisch.

DAS BRAUCHT MAN:

1 Bogen weißes Papier DIN A4 (für den Ausdruck) | Schere | Bleistift | Klebestift | 1 Bogen weißen Fotokarton DIN A4 | schwarzen Flizstift | 4 weiße Papier-Eisbecher (10 cm Ø) | Zirkel | 2 Bogen schwarzen Fotokarton DIN A4

| 1 | Laden Sie die Mustervorlagen für die 4 verschiedenen Tassenhenkel herunter (siehe S. 5) und schneiden Sie sie nach dem Ausdruck sorgfältig aus. Sie können für die Henkel auch die Kopiervorlagen auf S. 60 verwenden.

| 2 | Übertragen Sie mit Bleistift die Vorlagen jeweils 2-mal auf den Karton. Schneiden Sie alle Tassenhenkel aus und kleben Sie je 2 gleiche aufeinander, lassen Sie dabei die Klebeflächen frei, die an den Bechern fixiert werden.

| 3 | Umranden Sie alle Henkel und Becher mit einem schwarzen Stift, kleben Sie an jede »Tasse« einen Henkel.

| 4 | Für die Untertassen ziehen Sie mit dem Zirkel auf dem schwarzen Karton zuerst 4 Kreise à 15 cm Ø, dann in diesen Kreisen jeweils 1 Kreis à 8 cm Ø. Schneiden Sie die großen Kreise aus und setzen Sie ca. alle 3 cm Einschnitte bis zum 8-cm-Kreis. Knicken Sie die Einschnitte für den Untertassenrand leicht nach innen.

| 5 | Stellen Sie auf jede Untertasse eine Tasse und setzen Sie die Muffins hinein. Praktisch: Die Tassen lassen sich stapeln!

STYLE!

BAKE!

EIERLIKÖR-MINI-GUGEL

Kleine Herzensbrecher: Mini-Gugelhupfe sind wie süße Komplimente – man kriegt nie genug davon!

DAS BRAUCHT MAN:

30 g Zartbitterkuvertüre
1 kleine Bio-Zitrone
¼ Vanilleschote
60 g weiche Butter
45 g Zucker
Salz
1 Ei (M)
1 TL braunen Rum
3 EL Eierlikör
60 g Mehl
1 TL Backpulver (4 g)
60 g Puderzucker
Butter und Mehl für die Form

Für ca. 18 Mini-Gugelhupfe (aus einer Mini-Gugelhupfform mit Mulden à 4,3 cm Ø)
25 Min. Zubereitung
20 Min. Backen

| 1 | Den Backofen auf 200° vorheizen. Die Mulden der Mini-Gugelhupfform gut einfetten und mit Mehl ausstäuben. Die Kuvertüre grob hacken. Die Zitrone heiß waschen und abtrocknen, von einer Hälfte etwa 1 TL Schale fein abreiben. Die Vanilleschote längs aufschneiden und das Mark mit einem spitzen Messer herauskratzen.

| 2 | Die Butter mit Zitronenschale, Vanillemark, Zucker und 1 Prise Salz mit den Quirlen des Handrührgeräts schaumig schlagen. Das Ei, den Rum und 2 EL Eierlikör unterrühren.

| 3 | Mehl mit Backpulver auf die Eimischung sieben und unterheben. Die Kuvertüre untermischen. Den Teig in ca. 18 Mulden füllen und im Ofen (Mitte) 15–20 Min. backen. Die Form herausnehmen und die Gugelhupfe kurz abkühlen lassen. Anschließend aus den Mulden lösen und auf einem Kuchengitter vollständig auskühlen lassen.

| 4 | Für die Deko den Puderzucker mit dem restlichen Eierlikör verrühren und über die Gugelhupfe laufen lassen.

STYLE!

NASCHKÄSTCHEN

Ein Grund mehr, Pralinen zu essen: In dem leeren Schachteleinsatz kann man wunderbar kleine Gugel präsentieren.

| 1 | Die Mustervorlage für das Tablett können Sie herunterladen (siehe S. 5), ausdrucken, zusammenkleben und ausschneiden. Legen Sie die Vorlage auf den Karton und übertragen Sie alle Schnitt- und Falzlinien mit Stecknadel, Bleistift und Lineal.

| 2 | Schneiden Sie die Form auf der Schneidematte mit dem Cuttermesser aus dem Karton aus. Falzen Sie den Karton mit Falzbein oder Lineal entlang der markierten Linien, knicken Sie die Vorder- und Rückseite sowie die Seitenteile nach innen und kleben Sie die bezeichneten Stellen mit Maskingtape zusammen.

| 3 | Mit dem Figurenstempel erschaffen Sie eine kleine Tänzerin aus Karton. Schneiden Sie die Figur aus und stechen Sie oben ein kleines Loch hindurch, ebenso durch die Rückwand des Tabletts. Biegen Sie eine Drahtöse und ziehen Sie diese so durch Figur und Rückwand, dass sich die Tänzerin bewegen lässt. Setzen Sie den Pralineneinsatz hinein und verteilen Sie die Mini-Gugelhupfe darin.

DAS BRAUCHT MAN:

2 Bogen weißes Papier DIN A4 (für den Ausdruck) | Klebestift | Schere | 1 Bogen weißen Karton DIN A3 | Stecknadel | Bleistift | Lineal | Schneidematte | Cuttermesser | Falzbein | rosafarbenes Maskingtape | Figurenstempel (siehe S. 61) | Wickeldraht | 1 Pralinenschachteleinsatz (ca. 17 × 21 cm, ca. 4 cm Ø pro Mulde)

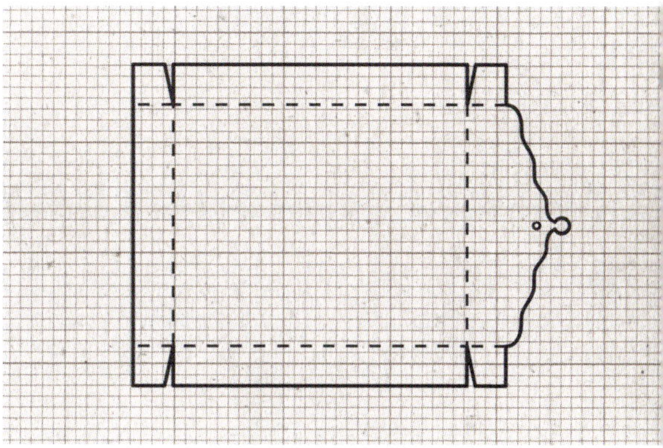

LITTLE SIXPACK

Zum Wegnaschen süß sehen die kleinen Kuchen in der Eierbox aus. Dazu noch die Fähnchen – na dann: Kalorien, ahoi!

DAS BRAUCHT MAN:

6er-Eierkarton | rosafarbene Acryl- oder Plakafarbe | Pinsel | Seidenpapier oder 6 Muffinpapierförmchen (4 cm Ø) | schwarz-weiß gemusterten Papierrest | Schere | doppelseitiges Klebeband | 6 Zahnstocher

| 1 | Für 6 Mini-Gugelhupfe malen Sie den Eierkarton rundum deckend mit der Bastelfarbe an und lassen ihn trocknen.

| 2 | Legen Sie jede Mulde des Kartons mit etwas Seidenpapier aus oder setzen sie 1 Muffinpapierförmchen hinein, damit die Gugelhupfe darin Platz nehmen können.

| 3 | Schneiden Sie aus dem gemusterten Papier 6 Streifen à 1,5 × 5 cm. Jeden halbierten Streifen befestigen Sie mit Klebeband an einem Zahnstocher. Zuletzt werden die Fähnchenzipfel zurechtgeschnitten und an den Enden ein wenig auseinandergezupft. Verschenken Sie die Fähnchen mit der Kuchenbox: Dann kann man die Gugel gleich vernaschen.

STYLE!

STYLE!

GUGEL-COUTURE

In ihren edlen Boxen à la Chanel schweben die kleinen Gugel aus dem Kuchenhimmel direkt auf den Kaffeetisch.

| 1 | Die Mustervorlage für die Boxen können Sie herunterladen, ausdrucken und ausschneiden (siehe S. 5). Legen Sie die Vorlage jeweils auf einen Karton und übertragen Sie alle Schnitt- und Falzlinien mit Stecknadel, Bleistift und Lineal.

| 2 | Schneiden Sie die Formen auf der Schneidematte mit dem Cuttermesser aus dem Karton aus. Falzen Sie jeden Karton mit Falzbein oder Lineal entlang der markierten Linien, schneiden oder knicken Sie den Karton entlang der bezeichneten Linien. Kleben Sie die markierten Seiten zusammen und befestigen Sie sie mit Maskingtape.

| 3 | Lochen Sie die geklebten Seitenwände ca. 1 cm vom oberen Rand entfernt jeweils 2-mal im Abstand von ca. 2 cm. Ziehen Sie jeweils ein Schnurstück von innen nach außen und wieder zurück durch die Löcher und sichern Sie die Schnur innen mit einem Knoten.

| 4 | Binden Sie eine Schleife um jede Box, drapieren Sie etwas Seidenpapier darin und setzen Sie je 1 Mini-Gugelhupf darauf.

DAS BRAUCHT MAN:

1 Bogen weißes Papier DIN A4 (für den Ausdruck) | Schere | 2 Bogen weißen Fotokarton DIN A4 | Stecknadel | Bleistift | Lineal | Schneidematte | Cuttermesser | Falzbein | Klebestift | Maskingtape | Handlocher (3 mm) | 4 × 50 cm schwarze Geschenkschnur | schwarzes Geschenkband | schwarzes Seidenpapier

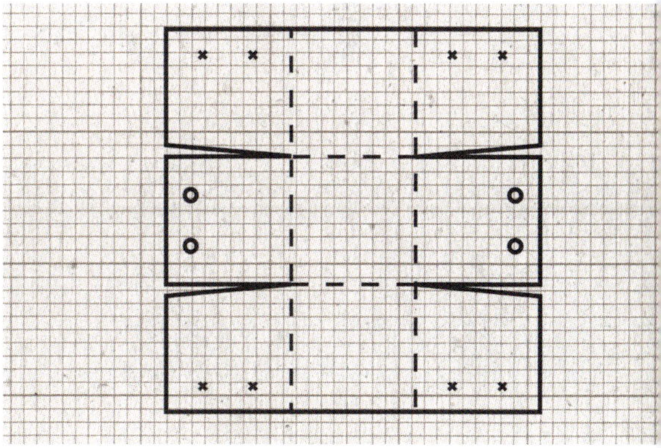

BAKE!

QUARK-GUGELHUPF

Ein Goldstück aus dem Ofen: Die Mutter aller Kuchen setzt jeder Kaffeetafel die Krone auf!

DAS BRAUCHT MAN:

250 g Magerquark
3 EL Rum (nach Belieben)
100 g Rosinen
200 g weiche Butter
150 g Zucker
1 Päckchen Vanillezucker
2 TL abgeriebene Schale von 1 Bio-Zitrone
2 Eier (M)
150 g Schmand
350 g Mehl
2 TL Backpulver
100 g geschälte, gemahlene Mandeln
Butter, Semmelbrösel und 16 ganze, geschälte Mandeln für die Form
Puderzucker zum Bestäuben

Für 1 Gugelhupfform
(ca. 2 l Inhalt, 14 Stücke)
2 Std. Abtropfen
10 Min. Zubereitung
45 Min. Backen

| 1 | Den Quark in einem Sieb ca. 2 Std. abtropfen lassen. Den Rum oder 3 EL Wasser erwärmen und die Rosinen darin einweichen. Die Form einfetten, mit den Semmelbröseln ausstreuen und die ganzen Mandeln auf dem Boden verteilen. Den Backofen auf 200° vorheizen.

| 2 | Butter, Zucker, Vanillezucker und Zitronenschale mit den Quirlen des Handrührgeräts schaumig schlagen. Die Eier nacheinander gründlich unterrühren. Abgetropften Quark und Schmand unterrühren. Mehl und Backpulver mischen, mit Mandeln und Rosinen kurz unterrühren.

| 3 | Den Teig in die Form füllen. Im Ofen (unten) in ca. 45 Min. goldbraun backen (Stäbchenprobe machen!). Den Gugelhupf herausnehmen, in der Form ca. 15 Min. abkühlen und dann auf einem Kuchengitter vollständig auskühlen lassen. Mit Puderzucker bestäuben.

TIPP!

Wer es gerne schokoladig mag, kann zusätzlich noch 100 g Schokolade (weiße, Vollmilch- oder Zartbitterschokolade) grob hacken und unter den Teig rühren.

STYLE!

POT-POURRI

Comeback des Kannenwärmers: Hier kommt der Kuchen unter die Haube und begeistert beim Auspacken alle Naschkatzen.

| 1 | Die Mustervorlage für die Kannenhaube können Sie herunterladen (siehe S. 5), ausdrucken, zusammenkleben und ausschneiden.

| 2 | Falten Sie den Karton mittig auf DIN A2. Übertragen Sie die Vorlage mit Stecknadel und Bleistift auf den Karton. Der untere Rand der Vorlage sollte genau auf der Falzlinie des Kartons liegen.

| 3 | Schneiden Sie die Form auf der Schneidematte mit dem Cuttermesser aus dem doppelt gelegten Karton aus. Lochen Sie den Karton an den bezeichneten Stellen. Die komplette Form (2 gespiegelte Teekannen) ergibt sich, wenn Sie den Karton auffalten.

| 4 | Setzen Sie den Kuchen auf einem Teller in die Mitte der Kartonform. Schließen Sie die Kanne über dem Kuchen, indem Sie von außen nach innen Briefklammern durch die Löcher führen, um die seitlichen Laschen mit der Vorder- und Rückseite zu verbinden.

| 5 | Zuletzt heften Sie die Kannenhaube mit einer Briefklammer oben zusammen und dekorieren sie nach Belieben mit einem Anhänger.

DAS BRAUCHT MAN:

7 Bogen weißes Papier DIN A4 (für den Ausdruck) | Klebestift | Schere | 1 Bogen schwarzen Fotokarton DIN A1 | Stecknadel | Bleistift | Schneidematte | Cuttermesser | Handlocher (3 mm) | 5 Briefklammern | Anhänger nach Belieben

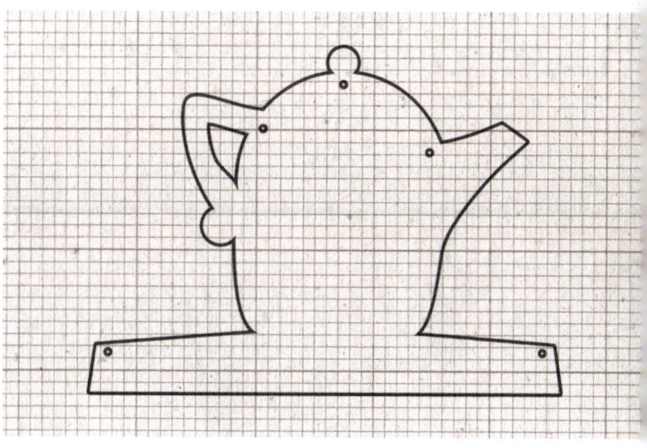

STYLE!

MISTER UNDERCOVER

Der Gugel unterwegs in geheimer Mission. Das Beste: In seinem »Tarnanzug« lässt er sich superleicht transportieren.

DAS BRAUCHT MAN:
Frischhaltefolie | 1 großes Küchentuch oder Stück Stoff (ca. 60 × 80 cm) | 60 cm Geschenkband | Stempelmotiv nach Belieben | Stempelkissen | Rest weißen Fotokarton | Schere | Handlocher (3 mm)

| 1 | Schlagen Sie den Gugelhupf rundum in Frischhaltefolie ein und setzen Sie ihn mittig auf das Tuch. Schlagen Sie zuerst die linke Tuchseite diagonal über den Kuchen und danach die rechte (Step 1). Schlagen Sie die Tuchenden auf jeder Seite übereinander (Step 2) und verdrehen Sie sie so, als wollten Sie ein Bonbon einwickeln (Step 3).

| 2 | Führen Sie die gedrehten Tuchzipfel über dem Kuchen zusammen, binden Sie das Geschenkband so um die Tuchzipfel, dass eine Art Tragegriff entsteht. Bestempeln Sie den Karton und schneiden Sie ihn als Geschenkanhänger aus. Lochen Sie das Kärtchen und befestigen Sie es am Geschenkband des eingewickelten Gugelhupfs.

BAKE!

CHOCOLATE COOKIES

Außen knusprig, innen chewy: Diese dunklen Knabberstars schmecken besser als in jedem Coffeshop. Wetten?

DAS BRAUCHT MAN:

150 g Butter
150 g Zartbitterschokolade (50–70 % Kakao)
100 g dunkelbraunen Roh-Rohrzucker (z. B. Muscovado)
50 g weißen Zucker
1 Ei (L)
1 Eigelb (L)
225 g Mehl
½ TL Natron
ca. ½ TL feines Meersalz
mittelgrobes Meersalz (z. B. Fleur de Sel)

Für ca. 20 Stück (2 Backbleche)
30 Min. Zubereitung
30 Min. Kühlen
2 × 14 Min. Backen

| 1 | Die Butter in einem Topf bei mittlerer Hitze schmelzen und langsam bräunen lassen, dabei mehrmals mit einem Gummispatel den Topfboden abstreichen. Dann vom Herd nehmen, in ein anderes Gefäß füllen und mind. 30 Min. abkühlen lassen. Die Schokolade grob hacken.

| 2 | Den Backofen auf 175 °C vorheizen, zwei Backbleche mit Backpapier auslegen. Beide Zuckersorten, Ei und Eigelb in eine große Schüssel geben und mit den Quirlen des Handrührgeräts cremig schlagen. Die braune Butter unterrühren. Mehl und Natron auf die Masse sieben, das feine Meersalz dazugeben und den Teig rühren, bis er eine gleichmäßige Konsistenz hat. Zuletzt die gehackte Schokolade unterrühren.

| 3 | Mit einem Esslöffel walnussgroße Häufchen vom Teig nehmen, zu Kugeln formen, mit großzügigem Abstand zueinander auf die Bleche setzen und leicht flach drücken. Wenig mittelgrobes Salz darüberstreuen und die Plätzchen im Ofen (Mitte) nacheinander in jeweils 12–14 Min. goldbraun backen.

| 4 | Die Cookies aus dem Ofen nehmen (wenn sie sich bei sanftem Fingerdruck mittig noch weich anfühlen) und auf dem Blech kurz abkühlen lassen. Anschließend auf einem Kuchengitter vollständig auskühlen lassen.

STYLE!

COOKIE DISC

Absolut hitverdächtig: Ob als Platzkarte oder süßer Gruß, als Knabber-CD haben Ihre Cookies noch mehr Fans.

| 1 | Um 3 Cookies zu verpacken, drucken Sie die Namen von 3 Freunden oder Gästen in Serifenschrift (z. B. Calisto MT oder Times) in einer Größe von 64 Punkt in Großbuchstaben auf weißem oder farbigem Papier aus.

| 2 | Ziehen Sie mit Lineal und Bleistift eine Linie um die ausgedruckten Namenszüge (nach rechts, links und nach unten im Abstand von 0,5 cm, nach oben 2,5 cm). Schneiden Sie die Namen entlang der Linien auf der Schneidematte mit dem Cuttermesser aus. Beschriften Sie die Schilder weiter nach Lust und Laune.

| 3 | Befestigen Sie die Namensschilder mit Maskingtape auf den CD-Hüllen. Zuletzt stecken Sie einen Cookie in jede Hülle, und fertig ist die süße Platzkarte!

DAS BRAUCHT MAN:
1 Bogen Papier DIN A4 | Lineal | Bleistift | Schneidematte | Cuttermesser | schwarzen Filzstift | mint- und rosafarbenes Maskingtape | 3 Papier-CD-Hüllen

GOODY BAG

Mit Schlüsselloch-Effekt: Die knusprigen Cookies locken schon von Weitem und treffen den Beschenkten mitten ins Herz.

DAS BRAUCHT MAN:

4 Bogen weißes Papier DIN A4 (für den Ausdruck) | Schere | 1 Bogen weißen Fotokarton DIN A3 | Stecknadel | Bleistift | Lineal | Schneidematte | Cuttermesser | 1 Streifen rosa kariertes Papier (2 × 8 cm) | schwarzen Filzstift | Klebestift

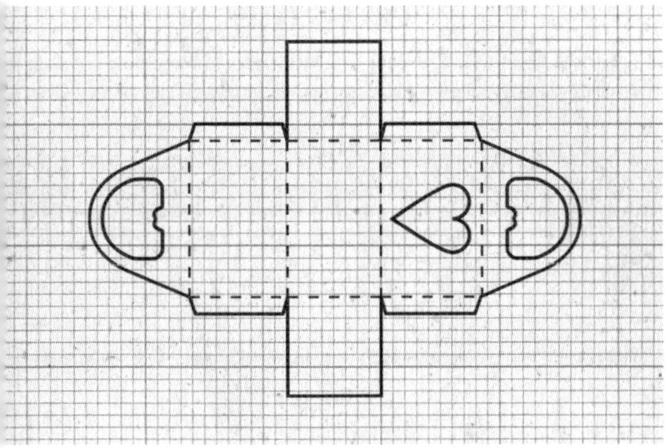

| 1 | Die Mustervorlage für das Täschchen für 2 bis 3 Cookies können Sie herunterladen (siehe S. 5), ausdrucken und ausschneiden. Legen Sie die Vorlage auf den Karton und übertragen Sie mit Stecknadel, Bleistift und Lineal alle Schnitt- und Falzlinien.

| 2 | Schneiden Sie die gesamte Täschchenform (inkl. des Herzens auf der Vorderseite und den Henkelöffnungen) auf der Schneidematte mit dem Cuttermesser aus dem Karton aus. Schneiden Sie den rosa karierten Papierstreifen an den Enden so ein, dass daraus ein Fähnchen entsteht.

| 3 | Geben Sie dem Täschchen eine schöne Kontur, indem Sie alle Kanten (ca. 2 mm vom Rand entfernt) mit Filzstift nachzeichnen. Falten Sie Vorder- und Rückseite aufeinander, klappen Sie den Karton wieder auseinander und wenden Sie die bemalte Seite nach unten. Knicken Sie alle Klebeflächen an Vorder- und Rückseite sowie die Seitenteile nach innen. Die Klebeflächen werden auf die Innenseite der Seitenflachen geklebt. Verstauen Sie die Cookies in dem Täschchen und verschließen Sie es mit dem Papierfähnchen.

Danke
STYLE!

STYLE!

BE LUCKY!

Leckere Cookies und ein paar Bastelgriffe: Nichts ist einfacher, als ein Körbchen gute Laune zu verschenken.

| 1 | Lochen Sie 1 cm von der oberen Kante entfernt jeweils 2 Löcher mit einem Abstand von ca. 8 cm in die Längsseiten des Körbchens.

| 2 | Die Kartonstreifen schneiden Sie an den Enden schräg ab und lochen sie mittig ca. 2 cm davor. Ziehen Sie die Briefklammern durch die Löcher am Griff und am Körbchen und biegen Sie sie auseinander.

| 3 | Legen Sie das Körbchen mit Seidenpapier aus und setzen Sie die Cookies hinein.

| 4 | Schneiden Sie aus dem Geschenkpapier 2-mal ein Herz aus (dafür können Sie die Vorlage auf S. 48 verwenden). Kleben Sie das Holzstäbchen zwischen die beiden Papierherzen und stecken Sie das Herz am Stiel in einen der Cookies.

| 5 | Nach Belieben können Sie noch ein Emblem oder Muster auf Karton stempeln, ausstanzen und mit doppelseitigem Klebeband an dem Körbchen befestigen.

DAS BRAUCHT MAN:

1 Backkörbchen (ca. 20 × 10 cm, siehe S. 61) | Handlocher (3 mm) | 2 Streifen fliederfarbenen Karton (à 26 × 1,5 cm) | Schere | 4 Briefklammern | 1 Bogen Seidenpapier | Rest Geschenkpapier | 1 Holzstäbchen

STYLE!

1

2

FLOWER POWER

Lasst Blumen sprechen – mit Muffinförmchen als bunten Blüten. Zu schön zum Auspacken, wenn da nicht die Cookies wären ...

| 1 | Die Mustervorlage für die Box, in der bis zu 4 Cookies Platz finden, können Sie herunterladen (siehe S. 5), ausdrucken, zusammenkleben und ausschneiden. Legen Sie die Vorlage auf den Karton und übertragen Sie alle Schnitt- und Falzlinien mit Stecknadel, Bleistift und Lineal.

| 2 | Schneiden Sie die Form auf der Schneidematte mit dem Cuttermesser aus. Falzen Sie den Karton entlang der markierten Linien, knicken Sie Vorder- und Rückseite sowie die Seitenteile nach innen.

| 3 | Stechen Sie an den markierten Stellen kleine Löcher. Schieben Sie je ein Stück Schnur von außen nach innen hindurch und knüpfen Sie einen Knoten als Stopper. Kleben Sie die Box an den seitlichen und unteren Klebeflächen zusammen. Legen Sie die Box mit Frischhaltefolie oder Butterbrotpapier aus und setzen Sie die Cookies hinein.

| 4 | Verbinden Sie 3 ineinander gesteckte Muffinpapierförmchen mittig mit der Briefklammer und knüllen Sie sie zu Blütenblättern (Step 1). Binden Sie die Geschenkschnur zu einer Schleife und befestigen Sie dabei auch die Blüte (Step 2).

DAS BRAUCHT MAN:
4 Bogen weißes Papier DIN A4 (für den Ausdruck) | Klebestift | Schere | 1 Bogen weißen Fotokarton DIN A3 | Stecknadel | Bleistift | Lineal | Schneidematte | Cuttermesser | Falzbein | 2 × 40 cm schwarze Geschenkschnur (2 mm) | Frischhaltefolie | 3 Muffinpapierförmchen | 1 Briefklammer

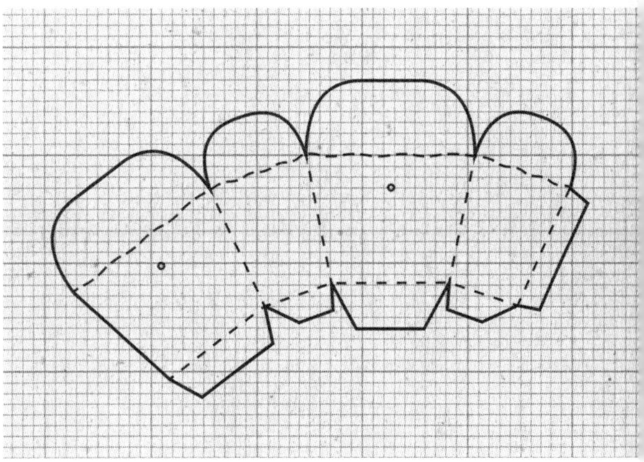

BAKE!

MINI-LIME-PIES

Fein gefüllt mit fluffig-frischer Limettencreme stehlen diese Mohn-Tartelettes jeder großen Torte locker die Schau.

DAS BRAUCHT MAN:

250 g Mehl
125 g kalte Butter
2 ½ EL gemahlenen Mohn
1 Ei (L)
230 g Zucker
Salz
4 Bio-Limetten
1 Päckchen Sahnesteif
400 g Doppelrahm-frischkäse
Butter für die Förmchen
Mehl für die Arbeitsfläche

Für 8 Tarteletteförmchen (à ca. 10 cm Ø)
1 Std. Zubereitung
15 Min. Backen

| 1 | Die Förmchen einfetten. Für den Teig Mehl, Butter in Stücken, 2 EL Mohn, Ei, 75 g Zucker und 1 Prise Salz in einer Schüssel zuerst mit den Knethaken des Handrührgeräts, dann mit den Händen zu einem glatten Teig verkneten. Den Teig auf der bemehlten Arbeitsfläche ca. 2 mm dünn ausrollen. 8 Teigkreise (à ca. 12 cm Ø) ausstechen, in die Förmchen legen, am Rand leicht andrücken und den Boden mit einer Gabel mehrmals einstechen. Die Teigböden ca. 30 Min. kühl stellen.

| 2 | Den Backofen auf 200° vorheizen. Für den Sirup die Limetten heiß waschen, abtrocknen und die Schale mit einem Zestenreißer in Streifen abziehen. Die Limettenstreifen mit 125 ml Wasser und 75 g Zucker in einem Topf bei starker Hitze in ca. 5 Min. sirupartig einkochen lassen. Den Sirup vom Herd nehmen und abkühlen lassen.

| 3 | Die Tartelettes im Ofen (Mitte) 12–15 Min. backen. Herausnehmen, nach ca. 5 Min. aus den Förmchen lösen und vollständig auskühlen lassen.

| 4 | Für die Creme 2 Limetten auspressen. 80 g Zucker und Sahnesteif mischen, mit Frischkäse und 6 EL Limettensaft glatt rühren. Die Limettencreme auf den Tartelettes verteilen. Mit Sirup beträufeln, mit restlichem Mohn bestreuen und bis zum Servieren kühl stellen.

CHEESE CAKES

Oh, là, là, wer hätte das gedacht? Camembertschachteln lassen sich ruck, zuck in nostalgische Kuchenboxen verwandeln.

DAS BRAUCHT MAN:
3 Bogen weißes Papier DIN A4 (für den Ausdruck) | Schere | Klebestift | 3 Spanholzschachteln (Camembertschachteln, 11,5 cm Ø) | schwarzen Filzstift | schwarzes (15 mm) und mintfarbenes (6 mm) Maskingtape | 1 Bogen mintfarbenes Seidenpapier

| 1 | Um 3 Tartelettes zu verpacken, laden Sie 3 Vintage-Tassenmotive herunter (siehe S. 5) und schneiden Sie sie nach dem Ausdruck aus.

| 2 | Jeder Schachteldeckel wird mit einem Motiv beklebt. Schreiben Sie die Namen Ihrer Freunde oder Gäste von Hand darüber oder darunter. Den letzten Schliff erhält jeder Deckel, indem Sie die Kante rundum mit schwarzem Maskingtape abkleben.

| 3 | Schneiden Sie aus dem Seidenpapier 3 Rechtecke à ca. 12 × 14 cm. Kleiden Sie die Schachteln damit aus, darauf nehmen die Tartelettes Platz. Falten Sie das Seidenpapier darüber, legen Sie die Deckel auf und befestigen Sie sie an vier Stellen mit mintfarbenem Maskingtape. Achtung: Alte Käseschachteln vorher unbedingt gut lüften und darauf achten, dass sie nicht mehr nach Camembert riechen.

Sugartime
Sugartime
für Luise

STYLE!
POLSKA

TÖRTCHENTABLETT

Verteilen Sie süße Grüße auf einem improvisierten Tablett. Wetten, dass so nette Messages immer gut ankommen?

DAS BRAUCHT MAN:
1 Bogen schwarzes Seidenpapier (50 × 70 cm) | Schere | 1 (Schuh-) Kartondeckel (ca. 20 × 30 cm, mit Rand von ca. 2 cm) | schwarzes und mintfarbenes Maskingtape | 1 Bogen Geschenkpapier (30 × 28 cm) | 1 Streifen schwarzen Fotokarton (3,5 × 40 cm) | Lineal | Schneidematte | Cuttermesser | Handlocher (3 mm) | 2 Briefklammern | Sammelbriefmarken

| 1 | Auf dem Tablett können Sie 3 Tartelettes servieren. Schneiden Sie das Seidenpapier in 2 Streifen: A = 30 × 40 cm und B = 20 × 70 cm. Streifen A wird um den Kartondeckel und die Ränder geschlagen und auf der Innenseite mit mintfarbenem Maskingtape befestigt (siehe Bild unten). Überziehen Sie dann den Deckel mit Streifen B der Länge nach so, dass das Tablett ganz ummantelt ist.

| 2 | Die Längsseiten des Geschenkpapiers falten Sie 4 cm nach innen und legen es als Boden in das Tablett.

| 3 | Für den Griff die Enden des schwarzen Kartonstreifens auf der Schneidematte mit dem Cuttermesser auf jeweils 2,5 cm Breite zuschneiden, dabei die Mitte des Streifens ca. 10 cm lang in der Breite von 3,5 cm belassen. Lochen Sie den Griff ca. 1 cm von jedem Ende entfernt.

| 4 | Lochen Sie dann die Längsseiten des Tabletts in der Mitte (bei 15 cm) ca. 1 cm vom Boden aus. Führen Sie die Briefklammern jeweils durch Griff und Tablett. Sichern Sie den Griff mit schwarzem Maskingtape und dekorieren Sie ihn mit Sammelbriefmarken.

VORLAGEN

Diese sowie weitere Vorlagen finden Sie auch zum Herunterladen und Ausdrucken unter www.gu.de/selbermachen/downloads

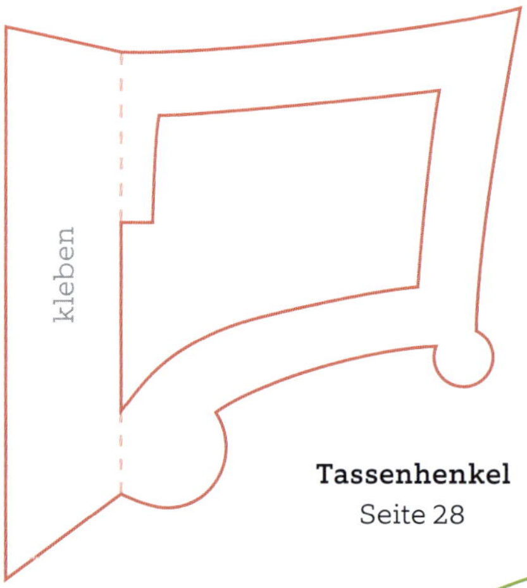

Tassenhenkel
Seite 28

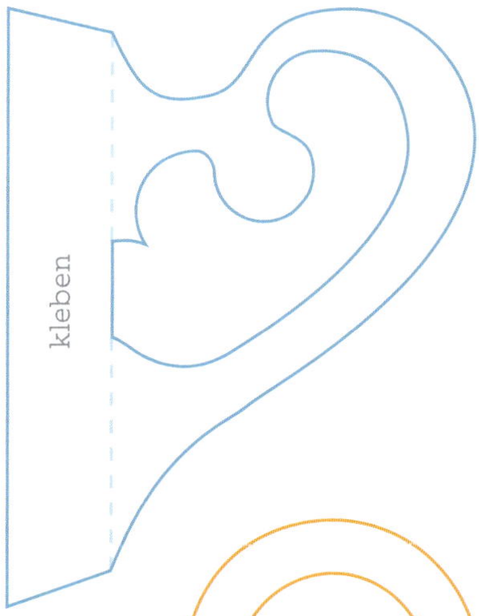

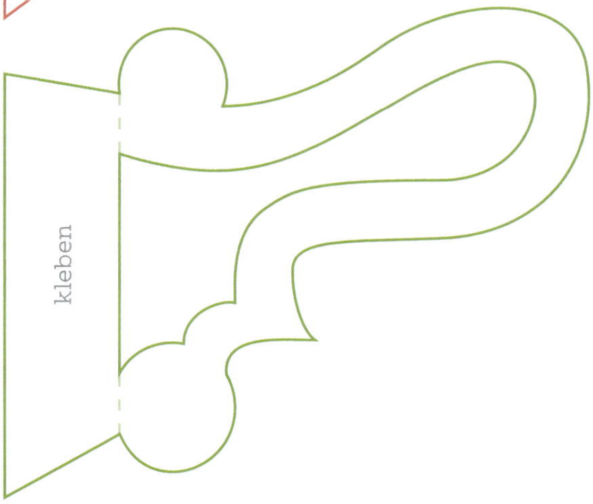

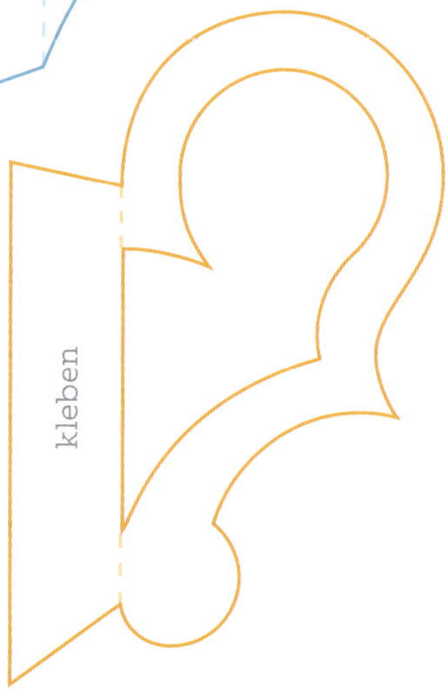

BEZUGSQUELLEN

INFO

MATERIALIEN UND DEKO

Achwieschön ...
www.achwieschoen.com
Papiere aller Art, Faltschachteln, Geschenkbänder, Schnüre

Franks Home
www.franks-home.de
Anhänger, Kärtchen, Stempel, Sticker, Buchstaben

House Doctor
www.housedoctor.dk
Geschenkschnüre, Schleifenbänder

Japanwelt
www.japanwelt.de
Maskingtapes, Pinsel, Tusche

Kirsch Interior
www.kirsch-interior.de
Etiketten, Anhänger, Papiertäschchen, Tüten, Bänder

Maid und Held
www.maid-und-held.de
Etiketten, Sticker, Girlanden

Milchmädchen
www2.milchmaedchen-shop.de
Klebebänder, Maskingtapes

MT Maskingtape (das Original)
www.mt-maskingtape.com

Perlenfischer
www.perlenfischerdesign.de
Figurenstempel (S. 33), Typostempel, Musterstempel (S. 27), Stempelkissen, Karten

BASTELWERKZEUG

Boesner Künstlermaterial
www.boesner.com
Cuttermesser, Kreiscutter, Schneidematte, Pinsel, Papiere, Fotokarton, Plakafarbe

Rayher Hobby
www.rayher-hobby.de
Handlocher, Cuttermesser, Schneidematte, Kreisstanzer (S. 21), Schablonen

BACKUTENSILIEN

Handelshaus Laegel
www.laegel.net
Backformen, Backkörbchen (S. 51), Muffinpapierförmchen (S. 27, 53)

Miss Étoile
www.missetoile.de
Cupcake- und Muffinförmchen, Vorratsgläser, Kuchen- und Papierdeko, Tortenspitzen, Zuckerperlen

PROJEKTLEITUNG: Kathrin Ullerich
LEKTORAT: Julei M. Habisreutinger
REDAKTIONELLE MITARBEIT: Katja Mutschelknaus
KORREKTORAT: Jutta Friedrich
INNEN- UND UMSCHLAG-GESTALTUNG: Independent Medien-Design, Horst Moser, München
ILLUSTRATIONEN: Matias Kovacic (7mp.de)
HERSTELLUNG: Sigrid Frank
SATZ: L42 Media Solutions, Berlin
REPRODUKTION: Medienprinzen, München
DRUCK UND BINDUNG: Schreckhase, Spangenberg
SYNDICATION: www.jalag-syndication.de
Printed in Germany

1. Auflage 2015
ISBN 978-3-8338-4313-6

www.facebook.com/gu.verlag

DIE AUTORIN

KATRIN HEINATZ ist Diplom-Designerin und arbeitet als Produzentin und Stylistin für Deko- und Foodthemen für viele namhafte Zeitschriften und Kundenmagazine. Verpacken ist eines ihrer Lieblingsthemen, und so hat sie mit viel Liebe zum Detail die Ideen für dieses Buch entwickelt. Bei GU ist von Katrin Heinatz auch der Titel »Dekoideen mit Naturmaterial« erschienen.

DIE FOTOGRAFIN

ANKE SCHÜTZ arbeitet als selbstständige Fotografin für namhafte Buch- und Zeitschriftenverlage in den Bereichen Food und Lifestyle. Bei der Produktion dieses Buches wurde sie von Julia Luck (Foodstyling) unterstützt.

BILDNACHWEIS

Alle Fotos stammen von Anke Schütz .

TITELFOTO: »Make Piece!« (S. 12)

UMWELTHINWEIS:
Dieses Buch ist auf PEFC-zertifiziertem Papier aus nachhaltiger Waldwirtschaft gedruckt.

GRÄFE UND UNZER
Ein Unternehmen der
GANSKE VERLAGSGRUPPE

QUALITÄTS G|U GARANTIE

Liebe Leserin, lieber Leser,

haben wir Ihre Erwartungen erfüllt? Sind Sie mit diesem Buch zufrieden? Haben Sie weitere Fragen zu diesem Thema? Wir freuen uns auf Ihre Rückmeldung, auf Lob, Kritik und Anregungen, damit wir für Sie immer besser werden können.

GRÄFE UND UNZER Verlag
Leserservice
Postfach 86 03 13
81630 München
E-Mail:
leserservice@graefe-und-unzer.de

Telefon: 00800 / 72 37 33 33*
Telefax: 00800 / 50 12 05 44*
Mo–Do: 8.00–18.00 Uhr
Fr: 8.00–16.00 Uhr
(gebührenfrei in D, A, CH)*

Ihr GRÄFE UND UNZER Verlag
Der erste Ratgeberverlag – seit 1722.

BACKOFENHINWEIS:
Die Backzeiten können je nach Herd variieren. Die Temperaturangaben in unseren Rezepten beziehen sich auf das Backen im Elektroherd mit Ober- und Unterhitze und können bei Gasherden oder Backen mit Umluft abweichen. Details entnehmen Sie bitte Ihrer Gebrauchsanweisung.

Die werden Sie auch lieben.

ISBN 978-3-8338-4313-6

ISBN 978-3-8338-3697-8

ISBN 978-3-8338-3944-3

ISBN 978-3-8338-3626-8

ISBN 978-3-8338-3965-8

Laden im App Store

Alle hier vorgestellten Bücher sind auch als eBook erhältlich.

G|U

Willkommen im Leben.

Mehr von GU auf **www.gu.de** und
facebook.com/gu.verlag

KUCHENGIRLANDE

»Eat more cake« – diesen Stempel können Sie als süße Aufforderung an Ihre Gäste anfertigen lassen. Die fürchten dann auch »Echtes Hüftgold« nicht …

DAS BRAUCHT MAN:
Stempel | 1 Bogen weißes (oder unifarbes) Papier DIN A4 | Kreisstanzer (25 cm Ø) | Stempelkissen | Handlocher (3 mm) | Kordel | 2 Holzspieße

| 1 | Die Motive »Eat more cake« und »Echtes Hüftgold« können Sie herunterladen (siehe S. 5) und anhand der Vorlagen im Stempelladen Stempel anfertigen lassen (oder Sie verwenden einen runden Stempel mit einem Motiv Ihrer Wahl).

| 2 | Für die Girlande aus dem Papier mit dem Kreisstanzer ca. 15 Kreise ausschneiden und diese nicht ganz mittig mit dem Stempel bedrucken. Knapp unter dem oberen Rand der Kreise mit dem Handlocher jeweils ein Loch ausstanzen und die Papierkreise auf die Kordel fädeln.

| 3 | Die Girlande am oberen Ende der Holzspieße festknoten und die Spieße in den Kuchen stecken. Die Stempel lassen sich natürlich vielfältig einsetzen: zum Dekorieren von Platzkarten, Geschenktüten, Servietten und, und, und.